Węże zrzucają skórę

i inne pytania na temat gadów

Amanda O'Neill

Tytuł oryginału: Snakes Shed Their Skin
Autor: Amanda O'Neill
Tłumaczenia: Marta Kraszewska
Ilustracje: Peter Dennis (Linda Rogers Associates) 6–7, 24, 25; Chris
Forsey 10–11, 30–31; Craig Greenwood (Wildlife Art Agency) 14–15,
26–27; Stephen Holmes 16; Tony Kenyon
(B. L. Kearley) kreskówki; Alan Male (Linden Artists) 12–13; Nicki
Palin 16–17, 28–29;
Luis Rey 24–25; Andrea Ricciardi di Gaudesi 20–21;
David Wright (Kathy Jakeman) okładka, 4–5, 8–9, 18–19, 22–23.

Original edition is published by Kingfisher, an imprint of Macmillan
Children's Books.
© Macmillan Children's Books 2013
© 2013 for the Polish edition by Firma Księgarska Olesiejuk
spółka z ograniczoną odpowiedzialnością S.K.A.
Wydawnictwo Olesiejuk, an imprint of Firma Księgarska
Olesiejuk spółka z ograniczoną odpowiedzialnością S.K.A.

ISBN 978-83-274-0931-7 (seria)
ISBN 978-83-7844-278-3 (tytuł)

Firma Księgarska Olesiejuk spółka
z ograniczoną odpowiedzialnością S.K.A.
05-850 Ożarów Mazowiecki
ul. Poznańska 91
wydawnictwo@olesiejuk.pl
www.wydawnictwo-olesiejuk.pl

dystrybucja: www.olesiejuk.pl

Druk: Vilpol sp. z o.o.

SPIS TREŚCI

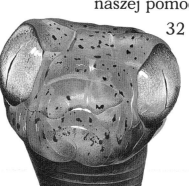

Które zwierzęta są gadami?

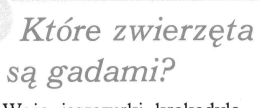

Węże, jaszczurki, krokodyle
i żółwie – wszystkie należą
do tej samej grupy zwierząt,
do gadów. Wszystkie gady
mają szkielet kostny
i skórę pokrytą łuskami.
Większość z nich składa
na lądzie jaja, z których
wykluwają się młode.
Jednak niektóre gady
są żyworodne.

jaszczurka

● Gady żyją na lądzie
i w morzu, prawie wszędzie
na Ziemi. Nie lubią jednak
zimna, więc nie znajdziesz ich
na terenach podbiegunowych.

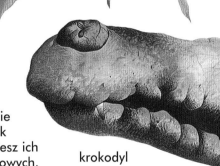

krokodyl

Czy żaby i traszki są gadami?

Żaby i traszki nie są gadami. Nie mają łusek,
a ich skóra jest bardzo cienka. Składają jaja
w wodzie, a ich młode wykluwają się
jako kijanki. Młode gady
natomiast wyglądają tak
jak ich rodzice, tylko są mniejsze.

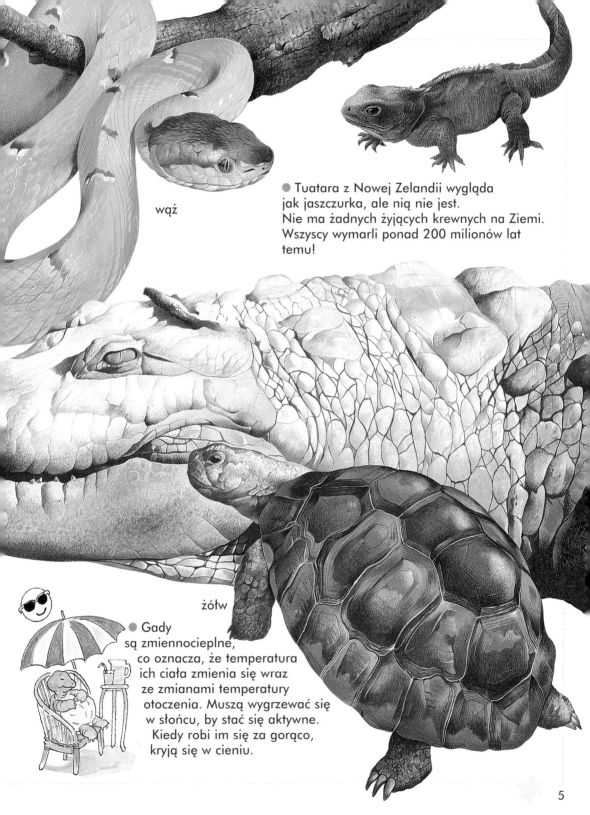

wąż

● Tuatara z Nowej Zelandii wygląda jak jaszczurka, ale nią nie jest. Nie ma żadnych żyjących krewnych na Ziemi. Wszyscy wymarli ponad 200 milionów lat temu!

żółw

● Gady są zmiennocieplne, co oznacza, że temperatura ich ciała zmienia się wraz ze zmianami temperatury otoczenia. Muszą wygrzewać się w słońcu, by stać się aktywne. Kiedy robi im się za gorąco, kryją się w cieniu.

5

Który gad
jest największy?

Największym gadem na świecie jest krokodyl słonowodny, występujący w tropikalnej Azji i Australii. Ta potężna bestia może osiągnąć długość ponad 7 metrów – tyle ile wynosi szerokość bramki piłkarskiej.

● Najszybszym gadem jest północnoamerykańska jaszczurka nazywana po łacinie *Cnemidophorus sexlineatus*. Z łatwością przegoniłaby cię w wyścigu – na krótkich dystansach osiąga prędkość 29 kilometrów na godzinę!

● Najbardziej okazałe gady wymarły
ponad 65 milionów lat temu.
Były to dinozaury,
prehistoryczni krewni
dzisiejszych
gadów.

Który gad
żyje najdłużej?

Żółwie mogą dożyć późnego
wieku. Najstarszy znany
okaz miał 152 lata.
Ale nie musi to być rekord
– na wolności mogą żyć starsze
żółwie.

Który wąż
jest największy?

Największym wężem jest połud-
niowoamerykańska anakonda,
która osiąga długość ponad
10 metrów – jest tak długa
jak autobus. Python siatkowy to też
olbrzym, ale mimo że jest tak długi
i wielki jak anakonda, nie jest jednak tak ciężki.

● Najmniejszym
gadem jest maleńki
gekon z zachodnich Indii.
Mierzy on 3,5 centy-
metra, od czubka nosa
po koniec ogonka.
Zmieściłby się
w pudełku zapałek,
zostawiając jeszcze
trochę wolnego
miejsca.

Czy węże potrafią zachować się przy stole?

Węże nie mają dobrych manier podczas posiłków. Nie przeżuwają jedzenia, ale połykają je w całości! Potrafią tak rozciągnąć swoją paszczę, że posiłek cały w niej znika. Szczęki i ciało węży są tak elastyczne, że mogą one jeść rzeczy większe od nich samych.

● Węże mogą się zginać i skręcać, ponieważ ich kręgosłup składa się z setek maleńkich kości połączonych ze sobą jak łańcuch.

● Większość węży jest samotnikami, ale setki grzechotników tulą się pod ziemią do siebie, aby przespać zimowe miesiące.

8

Do czego wężom potrzebne są zęby i kły?

Oprócz zębów, które służą wężom do chwytania pożywienia, węże jadowite mają także parę kłów. Używają tych długich zębów, aby zaatakować ofiarę i wstrzyknąć jej jad, wypływający z otworów na ich czubkach.

● Żmije mają wyjątkowo długie kły, które składają się na pół, kiedy nie są używane. W przeciwnym razie żmije nie mogłyby zamknąć swoich paszczy!

Czemu węże się gapią?

Węże gapią się, bo nie mogą mrugać. A mrugać nie mogą dlatego, że nie mają powiek. Każde oko pokryte jest przezroczystą łuską, która je chroni. Nowe łuski pojawiają się za każdym razem, kiedy węże zrzucają skórę.

Kto ma język dłuższy od ogona?

Zakończony przyssawką język kameleona jest nie tylko dłuższy niż jego ogon – jest dłuższy niż całe jego ciało! Kameleon bardzo szybko wysuwa język i wciąga go z po-żywieniem.

Dlaczego jaszczurki gubią ogony?

Jaszczurki mogą zgubić swój ogon, kiedy są atakowane. Porzucony ogon porusza się, zaskakując napastnika i dając jaszczurce czas na ucieczkę. Nowy ogon wyrasta w ciągu kilku tygodni.

Dlaczego gekony oblizują sobie oczy?

Większość jaszczurek ma powieki, które wycierają im oczy, ale gekon ich nie ma. Tak jak wąż, ma oko pokryte łuską. Aby utrzymać swoje oczy wilgotne i nieskazitelnie czyste, gekon je oblizuje, używając swojego długiego języka jak chusteczki.

● Większość jaszczurek żyje na lądzie. Morska iguana z wysp Galapagos jest jedyną jaszczurką, która żyje w morzu.

Czy na ziemi żyją jeszcze smoki?

Może waran nie ma skrzydeł i nie zieje ogniem, ale jest naprawdę niesamowity. Jest największą jaszczurką na świecie – dłuższą niż samochód i cięższą niż zawodowy pięściarz. Kiedy ludzie zobaczyli go po raz pierwszy około 100 lat temu, pomyśleli, że patrzą na smoka.

Który gad jest żyjącą fortecą?

Mieszkanie w skorupie jest jak życie w fortecy. Na widok niebezpieczeństwa żółw chowa się za grubymi ścianami skorupy, blokując swoimi nogami i szczękami „wejście". Dzięki temu jest chroniony przed atakiem, ciepłem i chłodem.

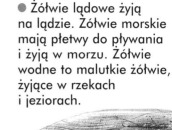

● Żółwie lądowe żyją na lądzie. Żółwie morskie mają płetwy do pływania i żyją w morzu. Żółwie wodne to malutkie żółwie, żyjące w rzekach i jeziorach.

● Żółw nigdy nie mógłby wyjść ze swojej skorupy i jej zostawić. Blaszki skorupy połączone są ze szkieletem żółwia.

Czy żółwie mają zęby?

Żółwie nie mają zębów, ale potrafią ugryźć ostrym rogowym „dziobem". Żółwie sępie są szczególnie groźne. Jedno ugryzienie mogłoby pozbawić cię palców u nogi!

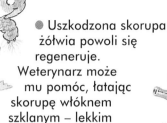

● Uszkodzona skorupa żółwia powoli się regeneruje. Weterynarz może mu pomóc, łatając skorupę włóknem szklanym – lekkim materiałem używanym do budowy łodzi.

Który żółw oddycha przez rurkę?

Kolczasty żółw miękkoskorupiasty spędza większość czasu pod wodą w rzekach i stawach. Nie potrzebuje wynurzać się na powierzchnię, aby zaczerpnąć powietrza. Wystawia swój długi pysk nad wodę jak rurkę i przez niego oddycha.

● Żółwie pływały w oceanie już ponad 200 milionów lat temu. Są one najstarszymi ze wszystkich gadów.

● Skorupa żółwia chroni go przed większością wrogów, ale orły i sępy rozwiązały ten problem. Zrzucają te biedne zwierzęta z dużej wysokości i tak rozbijają ich skorupy.

Które zwierzę jest jak łódź podwodna?

Aligator leży tak głęboko w wodzie, że jest ukryty jak łódź podwodna. Jego oczy, uszy i nozdrza umieszczone są na szczycie głowy, więc wciąż może widzieć, słyszeć i węszyć, kiedy większość jego ciała zanurzona jest pod wodą. Inne zwierzęta nie wiedzą nawet, że tam jest – aż je zaatakuje!

● Krokodyle są w pełni wodoszczelne! Kiedy nurkują, specjalne klapki uszczelniają ich uszy, gardło i nozdrza, a dodatkowe powieki działają jak okulary do pływania.

aligator

gawial

● Łatwo jest odróżnić aligatora od krokodyla: jeżeli wszystkie dolne zęby są zwrócone do wnętrza paszczy – to jest to aligator. Jeżeli czwarty dolny ząb wystaje, jest to krokodyl.

● Gawiale należą do tej samej grupy co aligatory i krokodyle.

Co sprawia, że krokodyl się uśmiecha?

Krokodyl nigdy się nie uśmiecha, ale wygląda, jakby to robił. W rzeczywistości dyszy, pozwalając ciepłu uciec przez paszczę, w ten sposób ochładza się.

krokodyl

● Czy wiedziałeś, że krokodyle chodzą do dentysty? Otwierają paszczę i pozwalają siewkom wskakiwać do środka. Ptaki wyciągają resztki jedzenia i małe insekty, które tam znajdą.

Dlaczego krokodyle jedzą razem?

Kiedy jeden krokodyl zabije ofiarę, dołącza do niego nawet czterdziestu jego przyjaciół. Może to wyglądać jak szarpanina, ale zwierzęta pomagają sobie wzajemnie, odrywając kawałki, które są wystarczająco małe, aby je połknąć.

● Czy wiedziałeś, że krokodyle jedzą kamienie? Ich ciężar trzyma je głęboko w wodzie, tak że mogą ukryć się przed swoimi ofiarami.

Jak poruszają się jaszczurki, kiedy się spieszą?

Niektóre jaszczurki odkryły, że mogą poruszać się o wiele szybciej, kiedy biegną na dwóch nogach, zamiast na czterech. Kiedy coś zaniepokoi i przestraszy bazyliszka płatkołowego, lubi on szybko uciekać. Wtedy jaszczurka staje na swoich silnych tylnych nogach i ucieka tak szybko, jak potrafi.

Jak poruszają się węże, skoro nie mają nóg?

Węże potrafią doskonale poruszać się bez nóg. Jednym ze sposobów przemieszczania się jest wykonywanie ciałem zygzakowatych ruchów. Odpychając się od kamieni, poruszają się do przodu. Wiele węży dobrze pływa i wspina się po drzewach, niektóre ryją pod ziemią, a inne nawet szybują w powietrzu.

● Gekony potrafią chodzić do góry nogami dzięki maleńkim włoskom na palcach. Mają aż do 150 tysięcy haczykowatych włosków na każdym z nich. Kleją się one jak rzep do wszystkiego, czego dotkną – nawet do śliskiej szyby!

● Żółwie nigdy się nie spieszą. Większość z nich potrzebowałaby trzech godzin lub więcej, żeby przejść przez boisko piłkarskie.

Jak krokodyle pływają bez płetw?

Krokodyle nie mają płetw jak ryby, ale mają bardzo silny ogon. Poruszając nim, używają go jak wiosła. Zwierzęta przyciągają nogi jak najbliżej ciała, aby przybrało ono opływowy kształt. Dzięki temu mogą płynąć bardzo szybko.

Która jaszczurka może patrzeć jednocześnie w różne strony?

Kameleon może obracać swoimi oczami we wszystkich kierunkach jak wieżą strzelniczą. Podwaja to jego szanse na dojrzenie posiłku i utrudnia ćmie przemknięcie niepostrzeżenie!

Dlaczego wąż porusza językiem?

Kiedy język węża wysuwa się i chowa, wyłapuje z powietrza różne zapachy. Język przenosi te informacje do wrażliwej części na szczycie paszczy. Stamtąd wiadomość wędruje do mózgu informując, czy w pobliżu znajduje się partner, posiłek czy wróg.

● Aligatory to najbardziej hałaśliwe z gadów. Nie „mówią" do siebie, ale „ryczą"! W okresie godowym samiec, aby przyciągnąć samice wydaje z siebie przeraźliwe wycie.

● Kiedy anolis wychodzi na słońce, zamyka oczy i zerka przez łuski w swoich dolnych powiekach. Chronią one jego oczy jak okulary słoneczne!

Po co komu dziura w głowie?

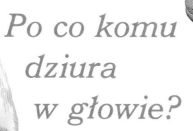

Jeśli jesteś jaszczurką, dziura w głowie jest bardzo przydatna, ponieważ prawdopodobnie to ucho! Większość jaszczurek ma ucho z każdej strony głowy. Jest to otwór prowadzący do bębenka. Uszy gadów nie odstają od głowy tak jak nasze. Uszy węży są ukryte wewnątrz ich głów.

● Grzechotniki i inne węże jadowite mogą polować w zupełnych ciemnościach. Mogą wyczuć ciepłotę ciała pobliskiego zwierzęcia i zaatakować ofiarę z niewiarygodną precyzją.

Dlaczego niektóre gady się przebierają?

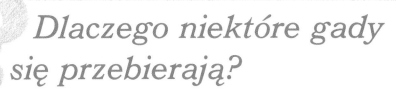

Niektóre gady przebierają się, aby się ukryć. Niektóre z nich ukrywają się, żeby zwiększyć swoje szanse na dobry posiłek. Ukryty myśliwy wtapia się w otoczenie i nie zostaje zauważony, aż rzuci się na ofiarę. Inne gady ukrywają się, aby się schronić. Nie chcą stać się czyimś obiadem! A niektóre gady mają barwy ochronne, które czynią je groźniejszymi, niż są w rzeczywistości.

● Wąż mleczny jest zupełnie nieszkodliwy, ale chroni się przed swoimi wrogami, udając, że jest niebezpieczny. Nosi takie same kolorowe pasy jak jadowity wąż koralowy. Czy potrafisz zauważyć różnicę?

wąż koralowy

wąż mleczny

● Kameleony są mistrzami kamuflażu. Potrafią zmienić swój kolor, dostosowując go do otoczenia – prawie!

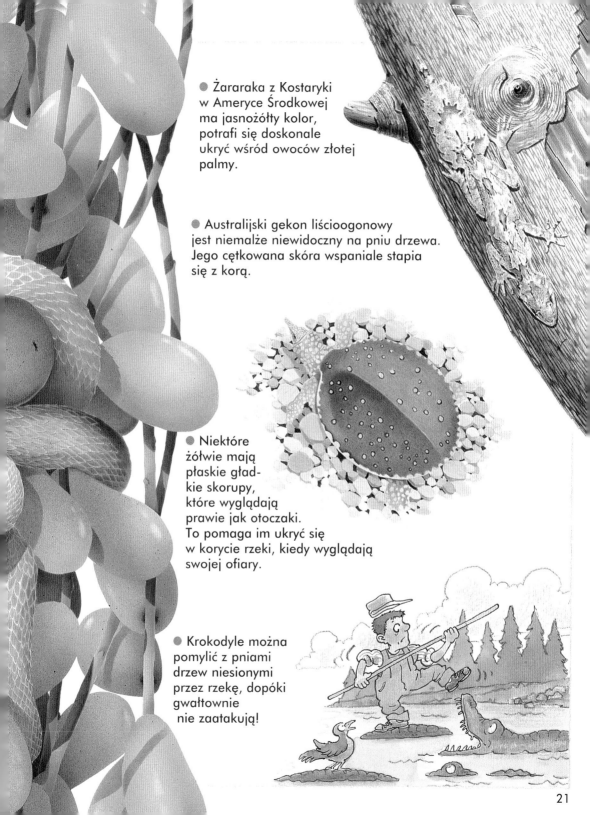

● Żararaka z Kostaryki w Ameryce Środkowej ma jasnożółty kolor, potrafi się doskonale ukryć wśród owoców złotej palmy.

● Australijski gekon liścioogonowy jest niemalże niewidoczny na pniu drzewa. Jego cętkowana skóra wspaniale stapia się z korą.

● Niektóre żółwie mają płaskie gładkie skorupy, które wyglądają prawie jak otoczaki. To pomaga im ukryć się w korycie rzeki, kiedy wyglądają swojej ofiary.

● Krokodyle można pomylić z pniami drzew niesionymi przez rzekę, dopóki gwałtownie nie zaatakują!

Który gad ma przeraźliwy kołnierz?

Jeśli przestraszysz australijską agamę kołnierzastą, ona spróbuje nastraszyć ciebie. Dookoła szyi ma kołnierz, który otwiera się jak para-sol. To sprawia, że wygląda na dwa razy większą, niż jest w rzeczywistości. A kiedy otworzy szeroko paszczę, widok jest przerażający!

● Trzymaj się z daleka od ropuchy rogatej ze Stanów Zjednoczonych. Tak naprawdę nie jest ona ropuchą, lecz ja-szczurką i może strzelać krwią za pomocą swoich oczu! Przerażające!

● Afrykański żółw Torniera wygląda jak gruby placek. Jest wystarczająco płaski, aby wcisnąć się w szcze-liny między skałami, a następnie nadyma się, aby napastnik nie mógł go stamtąd wyciągnąć!

Który żółw wydziela przykry zapach?

Żółw wonny ze Stanów Zjednoczonych zapracował sobie na swoje imię! Kiedy czuje się zagrożony, wydziela wstrętny zapach, który szybko przepędza wrogów. I już nie wracają!

Dlaczego niektóre węże udają nieżywe?

● Scynk krótko-
ogonowy ma krótki
i gruby ogon, o takim
samym kształcie
jak jego głowa.
Tak długo, jak długo
nie otwiera pyska,
nikt nie wie,
czy jaszczurka
przychodzi,
czy od-
chodzi!

Niektóre węże stawiają
czoła niebezpieczeństwu
udając, że są martwe.
Zaskroniec zwyczajny
przewraca się na plecy
i leży nieruchomo z otwartym
pyskiem i wystającym
językiem. Napastnikowi
prawdopodobnie
nie spodoba się
martwy wąż
na obiad, więc
zostawi
go w spokoju.
Wtedy sprytny
wąż ożywa
i ucieka.

Który żółw łowi ryby na swój język?

Żółw sępi ma wijący się różowy czubek języka, który wygląda jak robak. Żółw leży na dnie jeziora z otwartym pyskiem. Dla ryb ten „robak" wygląda jak obiad.

● Większość małych jaszczurek jest mięsożerna. Jedzą tylko owady lub małe zwierzęta. Ale anolis zielony upewnia się, że otrzymuje swoją dawkę witamin, konsumując także owoce!

Lecz jeśli ryba podpłynie łapczywie po „robaka", sama stanie się obiadem dla żółwia!

Kto lubi mieć buzię pełną kolców?

Podobnie jak wiele dużych jaszczurek, iguana lądowa z wysp Galapagos jest wegetarianką. Nic nie smakuje jej na kolację bardziej niż kaktus, potrafi ona ponadto żuć kolce, nie czując nic więcej poza małym ukłuciem!

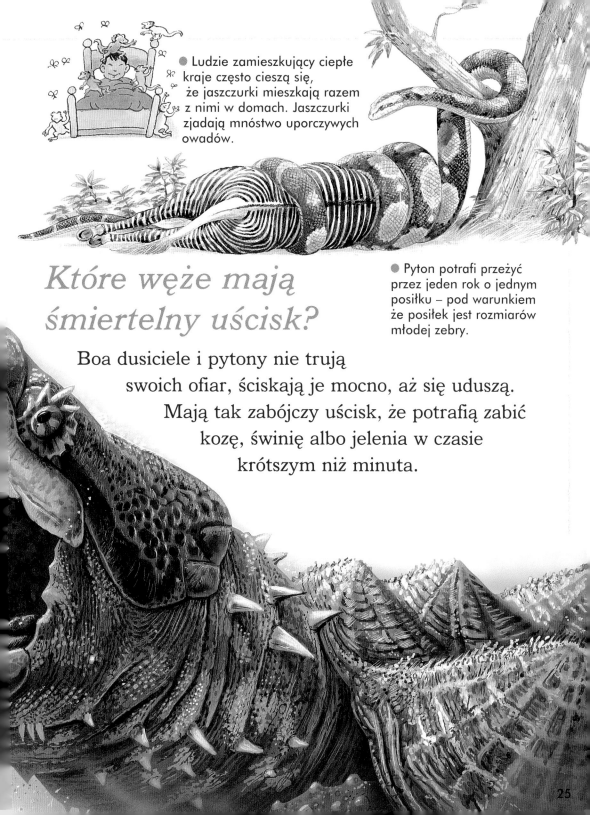

● Ludzie zamieszkujący ciepłe kraje często cieszą się, że jaszczurki mieszkają razem z nimi w domach. Jaszczurki zjadają mnóstwo uporczywych owadów.

Które węże mają śmiertelny uścisk?

● Pyton potrafi przeżyć przez jeden rok o jednym posiłku – pod warunkiem że posiłek jest rozmiarów młodej zebry.

Boa dusiciele i pytony nie trują swoich ofiar, ściskają je mocno, aż się uduszą. Mają tak zabójczy uścisk, że potrafią zabić kozę, świnię albo jelenia w czasie krótszym niż minuta.

Który gad mieszka w jaju?

Młode węże nie spieszą się z wykluwaniem z jaj. Po pęknięciu skorupki malec wystawia głowę, żeby się rozejrzeć. Może zdecydować, że zostaje wewnątrz na dzień lub dwa, zanim wykluje się na dobre.

● Małe gady mają specjalny ząb, którym rozbijają skorupę jaja. Wypada on, kiedy spełni swoje zadanie.

Który gad składa najwięcej jaj?

Samica żółwia zielonego składa ponad tysiąc jaj w sezonie, w dołkach, które sama wykopuje na plaży. Potem może być pewna, że choć część jej młodych przeżyje. Mewy, kraby, szczury, lisy i ryby – wszystkie one polują na maleńkie żółwie. Tylko jeden żółw na tysiąc osiąga dojrzały wiek.

● Samiec czy samica? Płeć małych krokodyli i żółwi często zależy od tego, w jakiej temperaturze znajdowały się jaja przed wykluciem się małych.

Który gad jest najbardziej opiekuńczą matką?

Większość gadów pozostawia swoje jaja lub małe, aby same się o siebie zatroszczyły. Mamy krokodyle są inne. Strzegą swoich gniazd przed głodnymi ptakami i innymi zwierzętami, pomagają młodym wykluć się z jaj i przenoszą je bezpiecznie do wody w swoich paszczach.

Czy gady mają taką skórę jak my?

Skóra gada jest twarda i zrogowaciała, przypomina bardziej nasze paznokcie niż skórę. Skóra węży i jaszczurek pokryta jest w większości nachodzącymi na siebie łuskami. Ale krokodyle i żółwie mają jeszcze twardszą skórę, z twardymi blaszkami zamiast łusek.

● Węże nie są oślizgłe. Są suche, chłodne i przyjemne w dotyku.

● Pokryta łuskami skóra gada zatrzymuje wodę, zapobiegając odwodnieniu. Jest to potrzebne, kiedy mieszkasz, tak jak wiele jaszczurek, na pustyni.

● Stara skóra węża zaczyna pękać przy jego paszczy. Wąż najpierw zrzuca skórę z głowy, wywijając ją na drugą stronę. Skóra często schodzi w całości, idealnie oddając kształt węża.

Dlaczego węże zrzucają skórę?

Tak jak nasze stare ubrania, skóra węża zużywa się i potrzebuje wymiany na nową – często większą. Tak więc od trzech do siedmiu razy w roku stara skóra węża pęka i schodzi, a nowa czeka już pod spodem!

● W chwilach zagrożenia szyszkowiec zwyczajny zwija się w pancerną kulę. Przewraca się na plecy, chwyta ogon w pysk i kryje swój miękki brzuch za ścianą łusek i kolców.

Dlaczego niektóre jaszczurki mają rogi i kolce?

Rogi i kolce to dobre narzędzie obrony. Tak jak mocna zbroja sprawiają, że jaszczurka wygląda groźnie i boleśnie kłuje pysk zwierzęcia, które próbuje ją zaatakować.

Dlaczego gady potrzebują naszej pomocy?

Chrońcie gady!

Wielu gadom grozi wyginięcie. W przeszłości niektóre gatunki gadów wymarły w powolnym, naturalnym procesie zwanym ewolucją. Ale trwało to tysiące lub miliony lat. Dzisiaj gady wymierają zdecydowanie szybciej, ponieważ ludzie polują na nie albo niszczą miejsca, w których żyją.

● Wieloma zagrożonymi gadami opiekują się ogrody zoologiczne. Z czasem ich młode mogą zostać ponownie wypuszczone na wolność.

Zoo

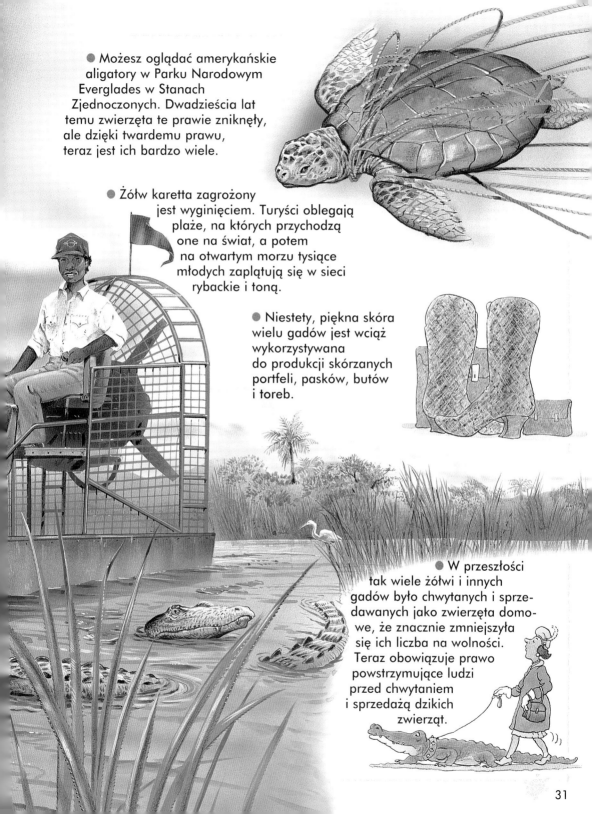

● Możesz oglądać amerykańskie aligatory w Parku Narodowym Everglades w Stanach Zjednoczonych. Dwadzieścia lat temu zwierzęta te prawie zniknęły, ale dzięki twardemu prawu, teraz jest ich bardzo wiele.

● Żółw karetta zagrożony jest wyginięciem. Turyści oblegają plaże, na których przychodzą one na świat, a potem na otwartym morzu tysiące młodych zaplątują się w sieci rybackie i toną.

● Niestety, piękna skóra wielu gadów jest wciąż wykorzystywana do produkcji skórzanych portfeli, pasków, butów i toreb.

● W przeszłości tak wiele żółwi i innych gadów było chwytanych i sprzedawanych jako zwierzęta domowe, że znacznie zmniejszyła się ich liczba na wolności. Teraz obowiązuje prawo powstrzymujące ludzi przed chwytaniem i sprzedażą dzikich zwierząt.

Indeks